CHAMBRE DE COMMERCE

D'AMIENS.

CONVENTION INTERNATIONALE

POUR LA PROTECTION

DE LA

PROPRIÉTÉ INDUSTRIELLE

RAPPORT

Présenté par M. Eugène GALLET

Dans la Séance du 4 Novembre 1885

AMIENS,

IMPRIMERIE TYPOGRAPHIQUE ET LITHOGRAPHIQUE T. JEUNET

45, Rue des Capucins, 45,

—

1885.

CHAMBRE DE COMMERCE

D'AMIENS.

CONVENTION INTERNATIONALE

POUR LA PROTECTION

DE LA

PROPRIÉTÉ INDUSTRIELLE

RAPPORT

Présenté par **M. Eugène GALLET**

Dans la Séance du 4 Novembre 1885

AMIENS,

IMPRIMERIE TYPOGRAPHIQUE ET LITHOGRAPHIQUE T. JEUNET

45, Rue des Capucins, 45,

1885.

CHAMBRE DE COMMERCE D'AMIENS

Présidence de M. Charles LABBÉ.

M. Eugène Gallet donne lecture du rapport suivant sur la Convention Internationale conclue à Paris, le 20 Mars 1883, pour la protection de la propriété industrielle.

Messieurs,

M. le Ministre du Commerce, en raison des réclamations provoquées par les dispositions contenues dans plusieurs des articles de la convention conclue à Paris, le 20 Mars 1883 (1), pour la protection de la propriété industrielle, avait invité notre Chambre à étudier cet acte international et à lui faire connaître les modifications qu'il serait utile d'y apporter.

---

(1) Cette convention a été conclue entre les gouvernements de la Belgique, du Brésil, de l'Espagne, de la France, du Guatemala, de l'Italie, des Pays-Bas, du Portugal, du Salvador, de la Serbie et de la Suisse.

Les gouvernements de la Grande Bretagne, de l'Équateur et de Tunis ont, en outre, depuis qu'elle a été conclue, adhéré à cette convention.

Conformément à la mission que vous m'avez confiée, j'ai recherché quels avantages et quels inconvénients devaient résulter pour nos nationaux de cet acte, et je dois, dès à présent, vous dire que les conclusions que j'ai été amené à adopter lui sont entièrement défavorables.

Le texte de cette convention est accompagné d'un exposé dans lequel M. le Ministre du Commerce commente, en les expliquant, la plupart des articles, il est suivi d'un protocole de clôture développant le sens que les plénipotentiaires qui ont concouru à sa rédaction, ont entendu donner à certains mots et à certaines phrases ; ce protocole règle, en outre, différents points relatifs au fonctionnement du bureau international dont la création est prévue par la convention.

Je vais avoir l'honneur de vous donner lecture des différents articles, peu nombreux du reste, dont cette convention se compose, en attirant votre attention sur ceux qu'il me paraîtrait nécessaire de rejeter ou de modifier.

ARTICLE PREMIER.

« Les gouvernements de la Belgique, du Brésil, de l'Es-
« pagne, de la France, du Guatemala, de l'Italie, des Pays-Bas,
« du Portugal, du Salvador, de la Serbie et de la Suisse, sont
« constitués à l'État d'Union, pour la protection de la pro-
« priété industrielle. »

ART. 2.

« Les sujets ou citoyens de chacun des États contractants,
« jouiront dans tous les autres États de l'Union, en ce qui
« concerne les brevets d'invention, les dessins ou modèles
« industriels, les marques de fabrique ou de commerce et le
« nom commercial, des avantages que les lois respectives

« accordent actuellement ou accorderont par la suite aux
« nationaux.

« En conséquence, ils auront la même protection et le
« même recours légal contre toute atteinte portée à leurs
« droits, sous réserve de l'accomplissement des formalités et
« des conditions imposées aux nationaux par la législation
« intérieure de chaque État. »

Plusieurs des nations qui ont adhéré à la convention,
n'admettent pas dans leur législation le privilège temporaire
de l'inventeur ou ne l'admettent que dans des conditions tout
à fait différentes de celles adoptées en France. Je citerai la
Hollande, la Serbie et notamment notre voisine immédiate, la
Suisse, dont plusieurs industries importantes viennent déjà
faire à notre production nationale une concurrence redoutable.

L'article 2 accorde aux brevetés de nationalité étrangère,
la même protection qu'aux brevetés français et ceux-ci, par
réciprocité, sont à l'étranger protégés par les lois particulières
de chacune des nations contractantes.

Cette clause ne provoquerait aucune critique si la législation
des différents États contractants était identique.

Mais, ainsi que nous l'avons dit plus haut, la propriété
industrielle n'est pas protégée en Hollande, en Serbie et en
Suisse de la même façon qu'en France.

Il résultera de cette disposition, que les inventeurs de ces
nations, brevetés en France, seront couverts par notre loi
sur les brevets, alors que les inventeurs français ne trouveront
en Hollande, en Serbie et en Suisse qu'une protection
beaucoup moins complète et beaucoup moins efficace.

Il y aurait donc lieu de protester, contre l'admission au
bénéfice de cette convention, des nations chez lesquelles
la propriété industrielle n'est pas régie par des dispositions
législatives équivalentes à celles en vigueur en France.

Art. 3.

« Sont assimilés aux sujets ou citoyens des États con-
« tractants, les sujets ou citoyens des États ne faisant pas
« partie de l'Union, qui sont domiciliés ou ont des établis-
« sements industriels ou commerciaux sur le territoire de
« l'un des États de l'Union. »

De cette disposition il résulte qu'un inventeur, citoyen
d'une nation non comprise dans l'Union, mais ayant pour la
forme un établissement quelconque dans un des pays de
l'Union, jouira des avantages et de la protection accordés
aux inventeurs français.

De telle sorte que sous cette condition illusoire nous
sommes engagés à protéger les inventeurs quelle que soit leur
véritable nationalité, sans que dans leur patrie la même
réciprocité nous soit accordée. Il y aurait également lieu
d'appeler l'attention du gouvernement sur cet article.

Art. 4.

« Celui qui aura régulièrement fait le dépôt d'une demande
« de brevet d'invention, d'un dessin ou modèle industriel,
« d'une marque de fabrique ou de commerce dans l'un des
« États contractants, jouira pour effectuer le dépôt dans les
« autres États et sous réserve des droits des tiers, d'un droit
« de priorité pendant les délais déterminés ci-après.

« En conséquence, le dépôt ultérieurement opéré dans l'un
« des autres États de l'Union, avant l'expiration de ces délais,
« ne pourra être invalidé par des faits accomplis dans
« l'intervalle, soit notamment par un autre dépôt, par la
« publication de l'invention ou son exploitation par un tiers,
« par la mise en vente d'exemplaires du dessin ou du modèle,
« par l'emploi de la marque.

« Les délais de priorité mentionnés ci-dessus seront de

« six mois pour les brevets d'invention et de trois mois pour
« les dessins ou modèles industriels, ainsi que pour les
« marques de fabrique ou de commerce.

« Ils seront augmentés d'un mois pour les pays d'outre-
« mer. »

J'appelle l'attention de la Chambre sur la longueur du délai
de six mois, pendant lequel un inventeur resterait dans l'indé-
cision la plus complète, ne sachant, si dans un des États
contractants, un autre inventeur ne viendra pas se prévaloir
du bénéfice de l'antériorité.

J'arrive à l'article 5 dont l'importance est de nature à fixer
tout particulièrement l'attention de la Chambre.

ART. 5

« L'introduction par le breveté, dans le pays où le brevet
« a été délivré, d'objets fabriqués dans l'un ou dans l'autre
« des États de l'Union, n'entraînera pas la déchéance.

« Toutefois, le breveté restera soumis à l'obligation d'ex-
« ploiter son brevet conformément aux lois du pays où il
« introduit les objets brevetés. »

Les deux paragraphes de cet article semblent, à la lecture,
en contradiction formelle.

Le premier supprime la déchéance dont le breveté était
frappé aux termes de l'article 32, paragraphe 3 de la loi de
1844 (1), par l'introduction en France d'objets brevetés,
fabriqués à l'étranger.

---

(1) L'article 32 est ainsi conçu :
Sera déchu de tous ses droits,
1° . . . . . · . . . . · . . . . 1°
2° . . . . 2°
3° Le breveté qui aura introduit en France des objets fabriqués en pays étranger
et semblables à ceux qui sont garantis par son brevet.

Le second paragraphe dit au contraire que le breveté restera soumis à l'obligation d'exploiter son brevet conformément aux lois du pays où il introduit les objets brevetés, ce qui, pour les brevetés Français semble dire qu'ils resteront soumis aux lois Françaises et par conséquent soumis à la cause de déchéance.

Mais, M. le Ministre du Commerce donne dans les commentaires qui précèdent la convention, une explication tout à fait précise du sens dans lequel l'article 5 doit être interprété, explication qu'il importe de mettre sous vos yeux.

« L'article 5, dit M. le Ministre du Commerce, contient « une disposition sur laquelle il y a lieu d'insister, en ce sens « qu'elle constitue une dérogation à la loi du 5 Juillet 1844, « qui régit en France les brevets d'invention.

« L'article 32 de cette loi, modifié par la loi du 20-31 Mai « 1856, porte, vous le savez, que sera déchu de tous ses « droits, le breveté qui aura introduit en France des objets « fabriqués en pays étranger, et semblables à ceux qui sont « garantis par son brevet.

« Néanmoins, le Ministre du Commerce peut autoriser « l'introduction : 1° des modèles de machines ; 2° d'objets « fabriqués à l'étranger, destinés à des expositions publiques « ou à des essais faits avec l'assentiment du gouvernement.

« Or, l'article 5 de la convention stipule que l'introduction « par le breveté dans le pays où le brevet a été délivré, d'objets « fabriqués dans l'un ou l'autre des Etats de l'Union, n'en- « traînera pas la déchéance, avec la réserve, toutefois, que le « breveté restera soumis à l'obligation d'exploiter son brevet « conformément aux lois du pays où il introduit les objets « brevetés.

« Les titulaires des brevets Français qui veulent introduire « en France des objets semblables à ceux qui sont garantis « par leurs brevets et fabriqués sur le territoire de l'un

« des Etats concordataires, n'ont plus, en conséquence, de
« demande à adresser dans ce but, au département du
« Commerce, et ils peuvent introduire ces objets librement.
« Mais ils restent comme par le passé, soumis aux disposi-
« tions de l'article 32 précité de la loi du 5 Juillet 1844, en ce
« qui concerne les objets fabriqués hors du territoire d'un
« des pays de l'Union. »

Cet article 5 présente, pour notre industrie nationale, un
danger des plus sérieux.

Il suffira, en effet, de se faire breveter dans un pays où le
prix de revient est moins élevé qu'en France, pour pouvoir y
faire fabriquer, puis introduire chez nous sous le couvert de
la convention, les objets dont la confection devrait être
réservée à nos ouvriers. Cet article permettra donc de dé-
tourner au profit de la population ouvrière de l'étranger, les
éléments de travail que le législateur, par la loi de 1844, avait
pris soin de conserver à nos nationaux.

Il y aurait donc lieu de protester énergiquement contre les
dispositions contenues dans cet article.

Art. 6.

« Toute marque de fabrique ou de commerce régulièrement
« déposée dans le pays d'origine, sera admise au dépôt et
« protégée telle quelle dans tous les autres pays de l'Union.
« Sera considéré comme pays d'origine le pays où le
« déposant a son principal établissement.
« Si ce principal établissement n'est point situé dans un des
« pays de l'Union, sera considéré comme pays d'origine
« celui auquel appartient le déposant.
« Le dépôt pourra être refusé si l'objet pour lequel il est
« demandé est considéré comme contraire à la morale ou
« à l'ordre public. »

Les deux premiers paragraphes de cet article, pas plus que le dernier, ne soulèvent aucune objection.

Mais il n'en est pas de même du troisième. Aux termes de ce paragraphe, le déposant est libre d'avoir son principal établissement en dehors d'un des pays de l'Union, il lui sera loisible d'y faire exécuter les objets revêtus de sa marque et de les introduire ensuite dans un des pays de l'Union sous le couvert de sa propre nationalité.

Ce paragraphe rend ainsi absolument illusoire la soi-disant protection accordée aux nationaux des pays contractants, en ce qui concerne les marques de fabrique ou de commerce.

Les articles qui complètent la convention ne me paraissent pas, sauf l'article 13, devoir être modifiés. En voici le texte ;

ART. 7.

« La nature du produit sur lequel la marque de fabrique ou
« de commerce doit être apposée ne peut, dans aucun cas,
« faire obstacle au dépôt de la marque. »

ART. 8.

« Le nom commercial sera protégé dans les trois pays de
« l'Union, sans obligation de dépôt, qu'il fasse ou non partie
« d'une marque de fabrique ou de commerce. »

ART. 9.

« Tout produit portant illicitement une marque de fabrique
« ou de commerce, ou un nom commercial, pourra être saisi
« à l'importation dans ceux des États de l'Union dans lesquels
« cette marque ou ce nom commercial ont droit à la pro-
« tection légale.

« La saisie aura lieu à la requête, soit du ministère public,

« soit de la partie intéressée, conformément à la législation
« intérieure de chaque État. »

Art. 10.

« Les dispositions de l'article précédent seront applicables
« à tout produit portant faussement, comme indication de
« provenance, le nom d'une localité déterminée, lorsque cette
« indication sera jointe à un nom commercial fictif ou
« emprunté dans une intention frauduleuse.
« Est réputé partie intéressée, tout fabricant ou commerçant
« engagé dans la fabrication ou le commerce de ce produit,
« et établi dans la localité faussement indiquée comme
« provenance. »

Art. 11.

« Les hautes parties contractantes s'engagent à accorder
« une protection temporaire aux inventions brevetables, aux
« dessins ou modèles industriels, ainsi qu'aux marques de
« fabriques ou de commerce, pour les produits qui figureront
« aux expositions internationales officielles ou officiellement
« reconnues. »

Art. 12.

« Chacune des hautes parties contractantes s'engage à
« établir un service spécial de la propriété industrielle et un
« dépôt central, pour la communication au public des brevets
« d'invention, des dessins ou modèles industriels et des
« marques de fabrique ou de commerce. »

Art. 13.

« Un office international sera organisé sous le titre de
« bureau international de l'Union, pour la protection de la
« propriété industrielle.

« Ce bureau dont les frais seront supportés par les adminis-
« trations de tous les autres Etats contractants, sera placé
« sous la haute autorité de l'Administration supérieure de la
« Confédération Suisse, et fonctionnera sous sa surveillance,
« les attributions en seront déterminées d'un commun accord
« entre les Etats de l'Union. »

Il paraît étrange de placer au siège d'un Etat dont la
législation en matière de protection de la propriété industrielle
diffère profondément de la nôtre, le bureau international de
l'Union et de concentrer ainsi, entre les mains des Suisses
qui ne manqueront pas d'en tirer profit, tous les documents
de nature à leur permettre de faire aux inventeurs Français, la
concurrence la plus redoutable, et je considère qu'il y aurait
lieu de signaler encore ce point à M. le Ministre du Commerce.

Les articles qui suivent et qui forment le complément de la
convention, ne m'ont paru soulever aucune critique.

ART. 14.

« La présente convention sera soumise à des revisions
« périodiques en vue d'y introduire les améliorations de nature
« à perfectionner le système de l'Union.

« A cet effet, des conférences auront lieu successivement,
« dans l'un des Etats contractants, entre les délégués desdits
« Etats.

« La prochaine réunion aura lieu en 1885 à Rome. »

ART. 15.

« Il est entendu que les hautes parties contractantes se
« réservent respectivement le droit de prendre séparément,
« entre elles, des arrangements particuliers pour la protection
« de la propriété industrielle, en tant que ces arrangements
« ne contreviendraient point aux dispositions de la présente
« convention. »

ART. 16.

« Les Etats qui n'ont point pris part à la présente
« convention, seront admis à y adhérer sur leur demande.

« Cette adhésion sera notifiée par la voie diplomatique au
« gouvernement de la Confédération Suisse, et par celui-ci à
« tous les autres.

« Elle emportera de plein droit, accession à toutes les
« clauses et admission à tous les avantages stipulés par la
« présente convention. »

ART. 17.

« L'exécution des engagements réciproques contenus dans
« la présente convention est subordonnée, en tant que de
« besoin, à l'accomplissement des formalités et règles établies
« par les lois constitutionnelles de celles des hautes parties
« contractantes qui sont tenues d'en provoquer l'application,
« ce qu'elles s'obligent à faire dans le plus bref délai
« possible. »

ART. 18.

« La présente convention sera mise à exécution dans le
« délai d'un mois, à partir de l'échange des ratifications et
« demeurera en vigueur pendant un temps indéterminé,
« jusqu'à l'expiration d'une année, à partir du jour où la
« dénonciation en sera faite.

« Cette dénonciation sera adressée au gouvernement chargé
« de recevoir les adhésions. Elle ne produira son effet qu'à
« l'égard de l'Etat qui l'aura faite, la convention restant
« exécutoire pour les autres parties contractantes. »

ART. 19.

« La présente convention sera ratifiée, et les ratifications

« en seront échangées à Paris, dans le délai d'un an au
« plus tard.

« En foi de quoi, les plénipotentiaires respectifs l'ont signée
« et y ont apposé leurs cachets. »

Fait à Paris, le 20 Mars 1883.

(*Suivent les signatures.*)

J'ai appelé l'attention de la Chambre sur les articles 2, 3,
4, 6 et 13 et tout particulièrement sur l'article 5 en faisant
brièvement ressortir les dangers qu'ils présentent pour nos
inventeurs et pour notre industrie ; et je considérerais comme
absolument nécessaire de les modifier ; mais, des observations
qui précèdent, il résulte que cette convention a été très incom-
plètement étudiée par les plénipotentiaires français, que loin
de créer au profit de notre nation des avantages et des facilités
nouvelles, elle ouvre une issue beaucoup plus large à la
concurrence des inventeurs étrangers, et qu'elle compromet
même de la façon la plus grave, par les dispositions de
l'article 5, la prospérité de notre travail national. Il me
paraîtrait donc plus logique et plus rationnel de demander
au gouvernement de profiter des dispositions de l'article 18
pour en faire cesser l'effet, jusqu'à ce que des études plus
complètes permettent de revenir à la conclusion d'une
convention véritablement favorable aux intérêts de nos
inventeurs et de notre industrie.

Je considère en outre comme très regrettable, que M. le
Ministre du Commerce n'ait pas cru devoir soumettre le
projet d'une convention de cette nature, qui touche aussi
intimement aux intérêts du commerce et de l'industrie, à
l'appréciation de leurs défenseurs naturels, les Chambres de
Commerce.

En conséquence, j'ai l'honneur, Messieurs, de vous proposer : 1° de demander au gouvernement de dénoncer ladite convention conformément aux termes de l'article 18, et 2° de le prier de vouloir bien prendre en très sérieuse considération les observations consignées plus haut, si cette question était de nouveau mise à l'étude.

Le Rapporteur,

Eugène GALLET.

La Chambre, après avoir entendu la lecture du rapport de M. Eugène Gallet, en adopte les conclusions.

Elle vote des remerciements à M. Eugène Gallet, et décide que son rapport sera imprimé et adressé à M. le Ministre du Commerce, à M. le Garde des Sceaux, Ministre de la Justice, à MM. les Sénateurs et Députés de la Somme et à toutes les Chambres de Commerce et Chambres consultatives des Arts et Manufactures.

Pour copie conforme :

Le Président de la Chambre,

Charles LABBÉ.

27887. — AMIENS. — IMP. T. JEUNET.

www.ingramcontent.com/pod-product-compliance
Lightning Source LLC
Chambersburg PA
CBHW050444210326
41520CB00019B/6063